まちごとチャイナ

Jiangsu 004 Around Suzhou
蘇州郊外と開発区
「長江デルタ」
過去から未来へ

Asia City Guide Production

【白地図】蘇州郊外

CHINA
江蘇省

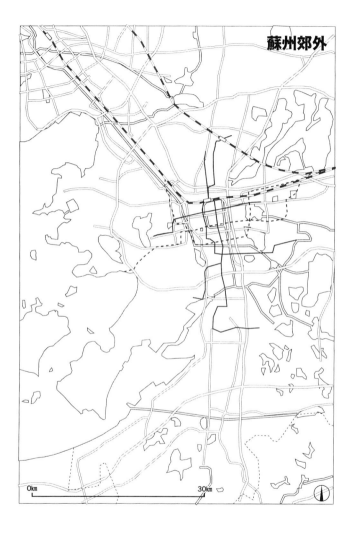

【白地図】城外西部

CHINA
江蘇省

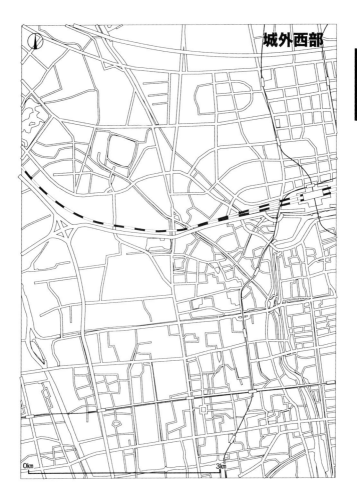

【白地図】虎丘

CHINA
江蘇省

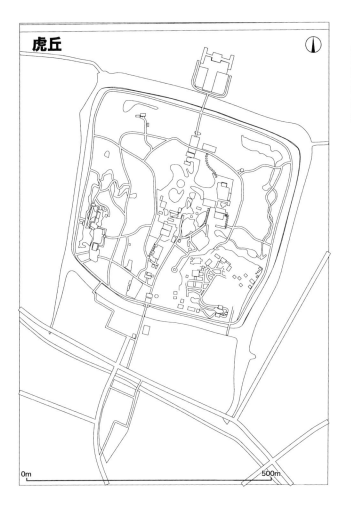

Around Suzhou

白地図

【白地図】寒山寺

CHINA
江蘇省

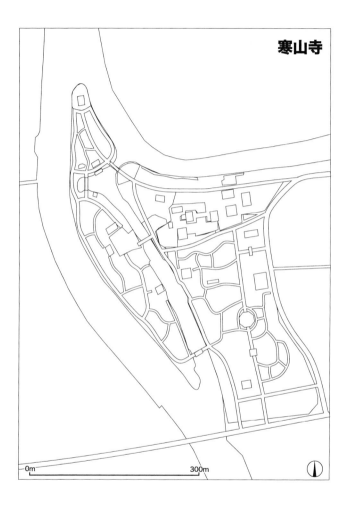

【白地図】蘇州高新区

CHINA
江蘇省

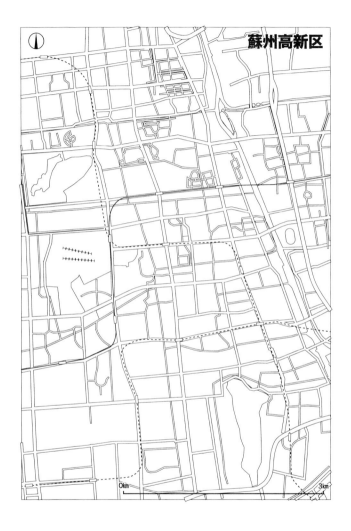

【白地図】蘇州西部

CHINA
江蘇省

蘇州西部

Around Suzhou

白地図

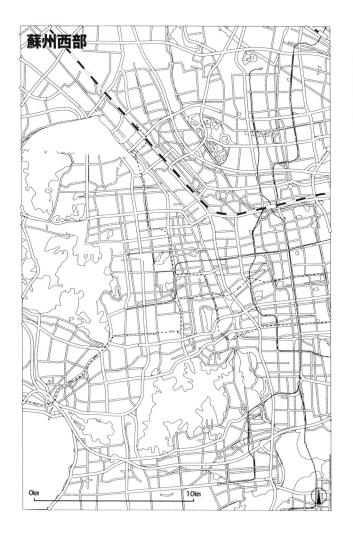

【白地図】木瀆古鎮

CHINA
江蘇省

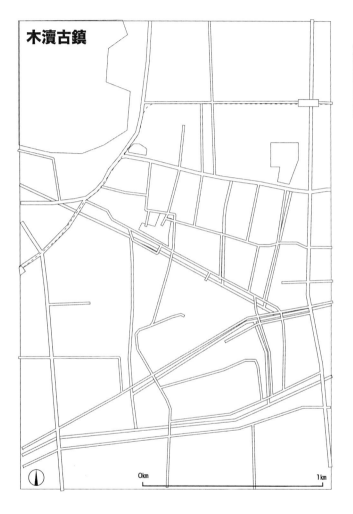

【白地図】太湖

CHINA
江蘇省

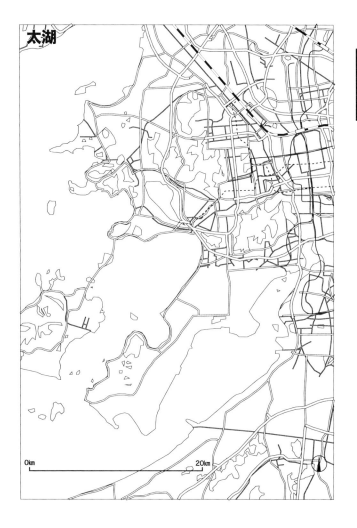

【白地図】蘇州工業園区

CHINA
江蘇省

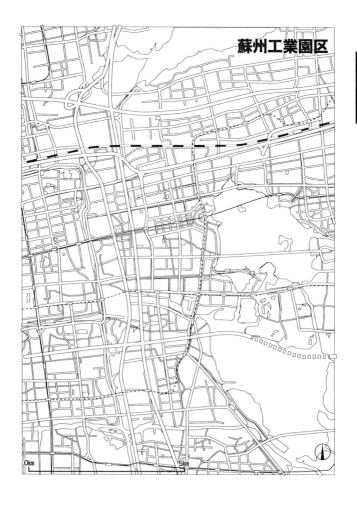

蘇州工業園区

Around Suzhou

白地図

【白地図】時代広場

CHINA
江蘇省

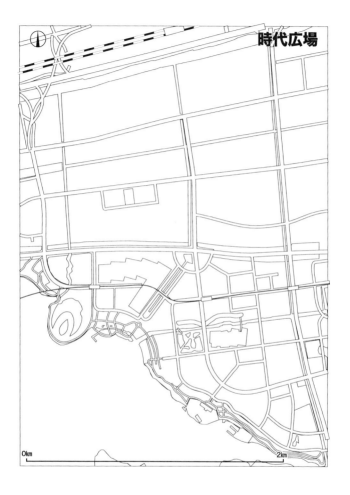

時代広場

Around Suzhou | 白地図

【白地図】蘇州東郊外

CHINA
江蘇省

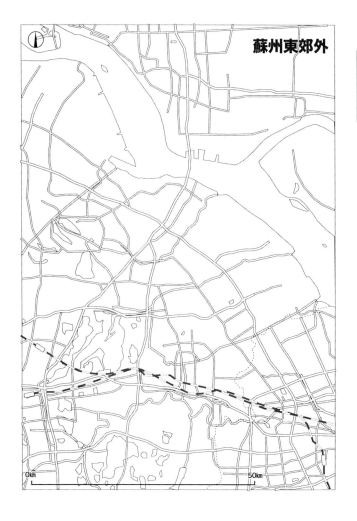

【まちごとチャイナ】

江蘇省 001 はじめての江蘇省

江蘇省 002 はじめての蘇州

江蘇省 003 蘇州旧城

江蘇省 004 蘇州郊外と開発区

江蘇省 005 無錫

江蘇省 006 揚州

江蘇省 007 鎮江

江蘇省 008 はじめての南京

江蘇省 009 南京旧城

江蘇省 010 南京紫金山と下関

江蘇省 011 雨花台と南京郊外・開発区

江蘇省 012 徐州

CHINA
江蘇省

蘇州は、旧城郊外の虎丘に眠る呉王闔閭によって紀元前514年に築かれ、「呉」はこの街の古名として知られている。蘇州郊外には春秋時代の呉の遺構、漢詩『楓橋夜泊』で知られる寒山寺、太湖や霊岩山などの風光明媚な自然が残っている。

こうした蘇州郊外も、20世紀末になって改革開放がはじまると、旧城をはさむように東西にそれぞれ開発区がつくられた。多くの外資系企業が進出し、2500年続く中国有数の古都と江蘇省屈指の経済都市という異なるふたつの顔をあわせも

苏州郊区 sū zhōu jiāo qū
スウチョウジャオチュウ
蘇州郊外
Around Su Zhou

つようになった。

　この蘇州から江蘇省の省都南京、浙江省の省都杭州は半径100 km圏内にあり、とくに東100 kmの上海と一体化が進んでいる。中国有数の人口密集地帯である長江デルタは中国最大の経済圏を構成し、蘇州はちょうどそのへそにあたっている。

CHINA
江蘇省

【まちごとチャイナ】

江蘇省 004 蘇州郊外と開発区

目次

蘇州郊外と開発区	xxiv
浮上する長江デルタ	xxx
城外西部城市案内	xxxvii
蘇州新区城市案内	lvii
木瀆城市案内	lxii
皇帝の南巡と美女西施	lxxiii
太湖城市案内	lxxvii
蘇州園区城市案内	lxxxix
呉の国と春秋の戦い	cv

【MEMO】

蘇州郊外と開発区

Around Suzhou

【地図】蘇州郊外

【地図】蘇州郊外の [★★☆]
- [ ] 木瀆古鎮 木渎古镇 ムードゥーグウチャン

【地図】蘇州郊外の [★☆☆]
- [ ] 京杭大運河 京杭大运河 ジンハンダアユンハァ
- [ ] 蘇州高新区 苏州高新区 スーチョウガオシンチュウ
- [ ] 東山風景区 东山风景区 ドンシャンフェンジンチュウ
- [ ] 西山風景区 西山风景区 シーシャンフェンジンチュウ
- [ ] 呉江 吴江 ウゥジィアン
- [ ] 鎮湖郷 镇湖乡 チェンフウシィアン
- [ ] 蘇州工業園区 苏州工业园区 スーチョウゴンイィエユゥエンチュウ

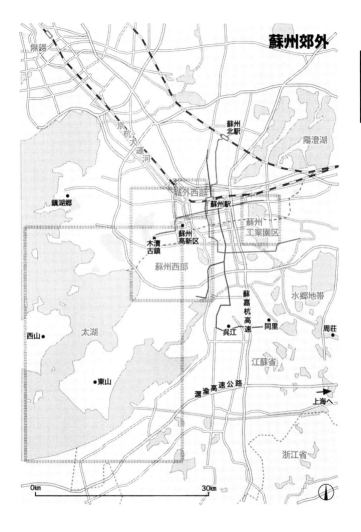

浮上する長江デルタ

CHINA
江蘇省

宋代、蘇州は平江（長江と高さ同じ）と呼ばれていた
神仙の棲むと言われる太湖を西に抱え
自然、経済、文化がバランスよく備わっている

長江デルタの開発区

蘇州には、旧城を中心に東側に工業園区、西側に蘇州高新区、また近郊に崑山経済技術開発区、呉江経済開発区が位置する（蘇州旧城の街区は古く、土地がなかったので、郊外に新たに開発区がつくられた）。これらの開発区は上海にくらべて土地や人件費が安く、くわえて上海からすぐの立地、市場となる長江デルタ各地へのアクセスなどで優位性をもつ。20世紀末以来、パソコンやカメラをあつかう台湾企業や幅広い分野の日本企業をはじめとする外資が進出し、蘇州は日本企業がもっとも集積するエリアとなった。2010年の上海万博

▲左　長江デルタの中心として発展を続けている　▲右　『楓橋夜泊』で知られる寒山寺

を機に交通網も整備され、豊かな自然もあわせて投資環境のよさが指摘される。

「港町」蘇州

広州や天津でも見られるように、中国では海岸線から内陸部に入ったところに港がおかれてきた。蘇州は運河や水路を使った河港をもつほか、長江に面した外港の劉家港を抱えていた。また蘇州は日本からの遣唐使が往来する港町でもあり、阿倍仲麻呂は蘇州黄泗浦で「天の原ふりさけみれば春日なる三笠の山に出でし月かも」を詠んだと言われる（また鑑真も

CHINA
江蘇省

揚州から蘇州をへて、日本へ渡った)。元代(1271～1368年)、蘇州の外港劉家港は蘇州に集散された米を海上輸送する拠点になり、続く明代(1368～1644年)、鄭和の艦隊はここから西洋くだりに向かっている。

浮かびあがった長江デルタ

古く長江デルタの地は海の底にあり、長江の運んできた土砂によって陸地化が進んだ(唐代初期でも、現在の上海市街に海岸線があった)。蘇州一帯に湖沼や水路が多いのは、かつて海だった太湖が切り離されたのち、太湖へ流れ込んだ水が

▲左　地下鉄が人々の足となっている。　▲右　運河を進む船

凹状の地形からうまく排水されなくなったことによる。洞庭湖（湖南省）、鄱陽湖（江西省）、太湖（江蘇省）といった中国の上位3つの淡水湖はいずれも長江流域にあり、その膨大な水量の影響を受け、ダム機能を果たしてきた。長江デルタの平原地帯は海抜4〜5m程度で続き、海面に浮かぶ陸地のような趣きをしている。

【地図】城外西部

【地図】城外西部の [★★★]
- ☐ 虎丘 虎丘フウチィウ
- ☐ 寒山寺 寒山寺ハンシャァンスー

【地図】城外西部の [★★☆]
- ☐ 留園 [世界遺産] 留园リィウユゥエン
- ☐ 雲岩寺塔 云岩寺塔ユンヤンスータア

【地図】城外西部の [★☆☆]
- ☐ 西園寺 西园寺シィーユュエンスー
- ☐ 京杭大運河 京杭大运河ジンハンダアユンハァ

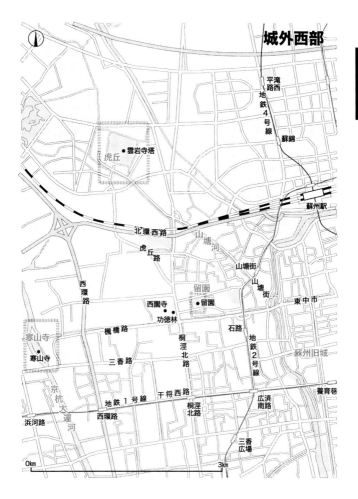

【MEMO】

CHINA
江蘇省

**Guide,
Hu Qiu**

城外西部
城市案内

蘇州を守護するという呉王闔閭の眠る虎丘
漢詩『楓橋夜泊』で知られた寒山寺
蘇州城外に点在する名園や古刹

留園 [世界遺産] 留园 liú yuán リィウユゥエン [★★☆]
蘇州四大名園のひとつに数えられ、拙政園につぐ規模を誇る留園。敷地内は中央部と東西北の4つにわかれ、奇石や樹木の配置、庁堂の家具や窓枠、文人の書など、造園技術のあらゆる長所をとり入れた江南庭園の完成形にあげられる。明代、この庭園は隣接する西園とともに徐時泰(蘇州出身の官吏)のものだったが、やがて東西にわかれ、東園は劉蓉峰(洞庭東山出身)のものとなった。当初、名前をとって劉園と呼ばれていたが、「自然の景観を留め、来客を留める」という意味から同じ音の留園に改名された。この留園近くに位置する

【地図】留園

【地図】留園の [★★☆]
- 留園 [世界遺産] 留园リィウユゥエン

CHINA
江蘇省

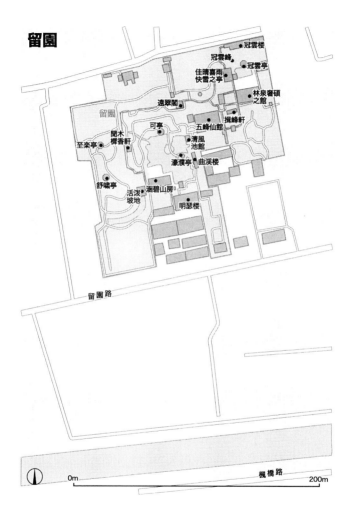

留園

Around Suzhou

城外西部城市案内

CHINA
江蘇省

功徳林は蘇州料理の老舗として知られる。

徽宗と太湖石

「風流天子」と呼ばれた北宋の徽宗は、蘇州の珍木奇石を集めて都開封に運ばせた。留園はこの徽宗が集めさせた花石網が残る庭園で、中心の冠雲峰とその両脇の瑞雲峰・岫雲峰は中国を代表する太湖石となっている。徽宗の生きた時代、太湖の洞庭西山には太湖石を掘り出す職人一家の石氏がいて、冠雲峰も開封に運ばれる予定だったが、北宋が滅亡したためこの地に残ったのだという。こうしたところから、留園は蘇

▲左 留園に隣接する西園寺。　▲右　留園は、中国四大名園のひとつ

州ばかりではなく、頤和園（北京）、避暑山荘（承徳）、拙政園（蘇州）とならぶ中国四大名園にもあげられている。

西園寺 西园寺 xī yuán sì シィーユゥエンスー ［★☆☆］

虎丘路をはさんで留園（東園）と対峙するように残る西園寺。明代、留園とともに徐時泰の私園だったが、子の徐溶が西園を寄進し、その後の1635年、戒幢立寺となった。現在の西園寺は大雄宝殿や観音堂がならぶ戒幢律寺と寺院に付属する西花園からなる。敷地内の羅漢堂には金色の500体の羅漢が安置されているほか、豊かな肢体と微笑みで知られる布袋和

江蘇省

尚像も見られる。日本では七福神のひとりとして親しまれる布袋和尚は後梁代の高僧で、この地でおかゆをふるまったと伝えられる。

虎丘 虎丘 hǔ qiū フウチィウ ［★★★］

蘇州旧城から北西3.5 km、紀元前514年に蘇州の都を築いた春秋時代の呉王闔閭が眠る虎丘。隣国の楚や越と争うなかで中原にも進出した呉の闔閭が葬られるにあたって、10万人を動員して水銀で池を、金銀玉で水鳥をつくったと伝えられる（虎丘という名前は、闔閭の死後3日後、白虎が現れ、

▲左　呉王闔閭が眠る虎丘。　▲右　傾いている霊岩寺塔

この墓陵を守るためにうずくまったという伝説による)。ピサの斜塔にもくらべられる斜塔「雲岩寺塔」、闔閭が埋めた3000本の剣が眠るという「剣池」、顔真卿による「虎丘剣池の碑」、盗掘させないために虎丘を造営した職人1000人を集めて殺し、鮮血が残る「千人石」、天下第三泉の「観音泉」、『孫氏の兵法』の孫武を記念した孫武亭、冷香閣や玉蘭山房などの楼閣が点在する。「呉中第一の勝景」と言われ、清代、北京の皇帝康熙帝や乾隆帝が南巡したときにも、必ず立ち寄る景勝地だった。

【地図】虎丘

【地図】虎丘の [★★★]
- 虎丘 虎丘フウチィウ

【地図】虎丘の [★★☆]
- 雲岩寺塔 云岩寺塔ユンヤンスータア

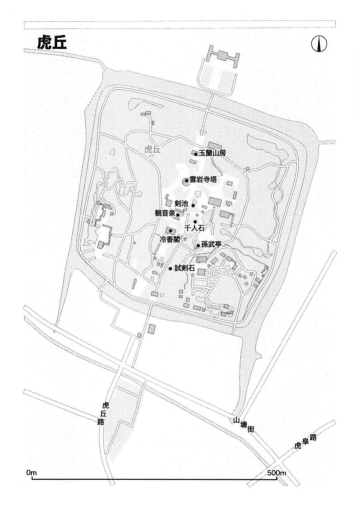

Around Suzhou | 城外西部城市案内

CHINA
江蘇省

虎丘に残る剣の伝説

春秋時代の呉の国では刀鍛冶が発達し、呉王闔閭は干将・莫邪をはじめとする多くの名剣をもっていた。虎丘の入口付近の試剣石は、闔閭が試し斬りを行なったときのものと伝えられ、その切れ味の鋭さを今でも見ることができる。虎丘に残る剣池は、呉の名剣を求めた始皇帝や孫権が掘ったものだとされ、ある言い伝えでは始皇帝がこの地に埋められた剣を掘ろうとしたとき、虎が現れて剣を守ったという。

雲岩寺塔 云岩寺塔 yún yán sì tǎ ユンヤンスータア［★★☆］

虎丘に立つ高さ 47.5m の八角七層の雲岩寺塔。中国最古の塔のひとつで、後周の 959 年から建設がはじまり、宋の 961 年に完成した（宋代、すぐそばに仏教寺院の雲岩禅寺があった）。明代から北側にかたむきはじめ、現在、2.4 度ほどかたむいているが、呉王闔閭が守っているから決して倒れないと信じられている。

CHINA
江蘇省

寒山寺 寒山寺 hán shān sì ハンシャァンスー ［★★★］

寒山寺は梁の天監年間（502～519年）に創建され、唐代に天台山の高僧寒山と拾得が住寺していたことでも知られる。破壊と再建をいくどもくり返し、清代の1860年に再建されたあとも伽藍の増築が続いている。張継の詠んだ漢詩『楓橋夜泊』（ほかに李香蘭の『蘇州夜曲』）に登場する寒山寺の鐘は唐代に鋳造されたあとなくなり、明代に再び鋳造されたが、その後、日本へ流出したという。明治時代の1914年に山田寒山、伊藤博文などが唐代の鐘を模した青銅製乳頭鐘を寒山寺に寄贈し、その鐘は大雄宝殿に残る（鐘楼の鐘は清末

▲左　広い伽藍をもつ寒山寺。　▲右　「月落烏啼」からはじまる漢詩『楓橋夜泊』

の1906年に鋳造されたもの)。境内には詩碑が多く残るほか、高さ42.2mの五重の普明宝塔が立つ。近くには京杭大運河、交通の要衝である鉄嶺関も位置する。

漢詩『楓橋夜泊』の世界

『楓橋夜泊』は、唐の開元年間（713～741年）に詩人張継が大運河を通って旅をし、たどり着いた蘇州郊外のこの地で詠んだ詩。「月落烏啼霜滿天（月落ち烏啼いて霜 天に満つ）／江楓漁火對愁眠（江楓 漁火 愁眠に対す）／姑蘇城外寒山寺（姑蘇城外の寒山寺）／夜半鐘聲到客船（夜半の鐘声 客船に

【地図】寒山寺

【地図】寒山寺の [★★★]
□ 寒山寺 寒山寺ハンシャァンスー

【地図】寒山寺の [★☆☆]
□ 京杭大運河 京杭大运河ジンハンダアユンハァ

CHINA
江蘇省

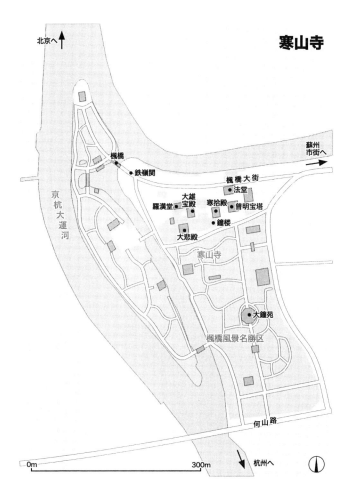

CHINA
江蘇省

到る)」。唐宋代、蘇州の寺院では、一晩を前半と後半にわける夜半に「定夜鐘」を鳴らす決まりがあり、その情景が詠われている。この漢詩は鎌倉時代の『三体詩』、江戸時代に読まれた『唐詩選』などで紹介され、日本人になじみ深く、大晦日に寒山寺の除夜の鐘を聴く人々が集まる。現在、見られる楓橋は清末の1867年にかけられたもの。

▲左 多くの観光客でにぎわいを見せる。 ▲右 寒山寺は運河の停泊所近くに位置した

寒山と拾得

唐代（8〜9世紀）、天台山の高僧の寒山と食事係の拾得は非常に仲がよく、寒山寺はこのふたりにまつわる伝承に彩られている。寒山は子どものころから読書三昧で、寒山という山に隠棲したことからこの名前がついた。一方で、拾得は捨て子だったのを拾われたことからその名前がついた。寒山寺に残る石刻『寒山拾得図』には、お経（智慧）をもった寒山とほうき（実践）をもってにんまりと笑う拾得が描かれ、このふたつがあわさることが理想だと考えられてきた。また寒山は文殊菩薩に、拾得は普賢菩薩にもたとえられる。

CHINA
江蘇省

京杭大運河 京杭大运河
jīng háng dà yùn hé ジンハンダアユンハァ [★☆☆]

紀元前5世紀に開削がはじまり、7世紀の煬帝によって大規模に整備された京杭大運河。杭州と北京を結び、豊かな江南の物資がこの運河を通して華北へ運ばれてきた。蘇州西郊外の楓橋（寒山寺近く）は大運河を行き交う船の停泊地となり、旅人や商人はここから蘇州旧城へ向かった。山塘街などの蘇州旧城西側がにぎわったのは、この大運河に近かったためで、大運河は大都市間を結ぶハイウェイにあたり、そこから派生する小運河が県城や農村へと続いていた。現在でも機関船に

城外西部城市案内 | Around Suzhou

ひかれた運搬船が荷物を積んで5艘、6艘と連なる様子が見られるが、20世紀に入ってからの鉄道の敷設などで往時の役割は失った。

Guide,
Su Zhou Gao Xin Qu
蘇州新区
城市案内

より広い土地を求めて

蘇州旧城の東西におかれた開発区

蘇州高新区には日系企業も多く進出する

蘇州高新区 苏州高新区
sū zhōu gāo xīn qū スーチョウガオシンチュウ [★☆☆]

蘇州高新区は、1992年、京杭大運河から太湖へいたる蘇州西部に整備された開発区。1990年にはじまった上海の高度成長を受けて、長江デルタの中心に位置し、土地や人件費の安い蘇州が注目された。蘇州高新区には電子通信、精密機械など最先端の技術をもつ企業が進出し、研究開発区、輸出加工区、物流センターなどが集まる（本社を上海に、工場を蘇州におくといったことが見られた）。西の太湖はじめ、緑地が確保された自然環境のよさも指摘される。

【地図】蘇州高新区

【地図】蘇州高新区の [★★★]
- [ ] 寒山寺 寒山寺ハンシャァンスー

【地図】蘇州高新区の [★☆☆]
- [ ] 蘇州高新区 苏州高新区スーチョウガオシンチュウ
- [ ] 蘇州新区商業街 新区商业街 シンチュウシャンイェエジエ
- [ ] 緑宝広場 绿宝广场リュウバオグァンチャン
- [ ] 蘇州楽園 苏州乐园スーチョウラァユゥエン
- [ ] 京杭大運河 京杭大运河ジンハンダアユンハァ

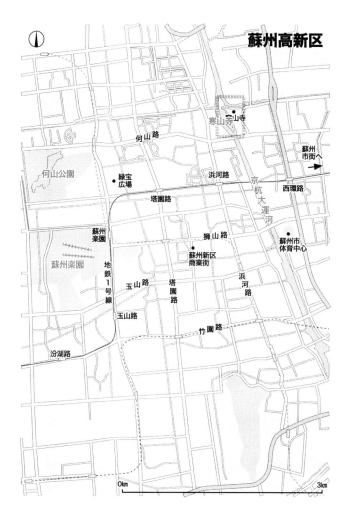

Around Suzhou

蘇州新区城市案内

江蘇省

蘇州新区商業街 新区商业街
xīn qū shāng yè jiē シンチュウシャンイェエジエ [★☆☆]

蘇州高新区の中心部に位置する蘇州新区商業街。和食を出す店などが多く軒をつらねることから、「日本街」のような趣きをしている。

緑宝広場 绿宝广场
lǜ bǎo guǎng chǎng リュウバオグァンチャン [★☆☆]

蘇州高新区に立ち、娯楽と休暇をテーマにした複合施設緑宝広場(エメラルド・シティ)。各種ブランドショップやカフェ、

▲左　蘇州西部の街並み。　▲右　レンタサイクリングが利用されている

レストランなどの商業施設のほか、ホテルも入居している。

蘇州楽園 苏州乐园
sū zhōu lè yuán スーチョウラァユゥエン [★☆☆]

蘇州楽園は、広大な敷地に展開するアミューズメント・パーク。ジェットコースター「懸掛式過山車」、お化け屋敷「迷的洋館」、ファンタジーランド「童話世界」などのアトラクションを抱える『歓楽世界』、浮き輪に乗って急降下する「歓楽大波浪」、波のプール「海浪池」など海をテーマにした『水上世界』などからなる。

Guide, Mu Du
木瀆
城市案内

CHINA
江蘇省

蘇州から太湖へ続く運河沿いに開けた木瀆古鎮
中国四大美女西施にまつわる伝説が残り
清朝皇帝が南巡で訪れた水郷でもあった

木瀆古鎮 木渎古镇
mù dú gǔ zhèn ムードゥーグウチャン [★★☆]

蘇州の南西に位置する木瀆古鎮は、紀元前5世紀の春秋時代の呉越の争いにまつわる伝説が残り、南宋時代より水郷古鎮が形成されてきた。明代（1368～1644年）には近くから収穫される米、またその米からつくられた酒で知られ、木瀆のにぎわいは『姑蘇繁華図』にも描かれている。現在は古鎮の中心を東西に走る運河を中心に古い街並みが残り、船頭に導かれた観光用の小船も往来する。

Around Suzhou 木瀆城市案内

木瀆という名前の由来

春秋時代の呉越の争いのなかで、いったん敗れた越の范蠡は、呉の夫差の欲望に目をつけ、宮殿を築くための木材と美女西施を送った（西施は数千人の美女のなかから選ばれ、琴や書画などの芸を教えこまれた）。この宮殿が建てられたのが木瀆近くの霊岩山で、木瀆という名前はそのときにあまった木材で村人たちが家を建てたことに由来するという。宮殿を建て西施とたわむれた呉の夫差は、紀元前473年、越の前に敗れることになった。

【地図】蘇州西部

【地図】蘇州西部の [★★★]
- ☐ 虎丘 虎丘 hǔ qiū フウチィウ
- ☐ 寒山寺 寒山寺 hán shān sì ハンシャァンスー

【地図】蘇州西部の [★★☆]
- ☐ 木瀆古鎮 木渎古镇 ムードゥーグウチャン
- ☐ 太湖 太湖 タイフウ

【地図】蘇州西部の [★☆☆]
- ☐ 霊岩山 灵岩山 リンヤンシャン
- ☐ 天平山 天平山 ティエンピンシャン
- ☐ 伍子胥墓 伍子胥墓 ウゥズゥシィウムウ
- ☐ 石湖 石湖 シィフウ
- ☐ 蘇州高新区 苏州高新区 スーチョウガオシンチュウ
- ☐ 蘇州楽園 苏州乐园 スーチョウラァユゥエン

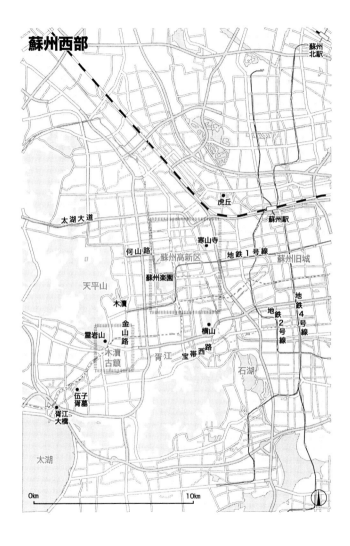

【地図】木瀆古鎮

【地図】木瀆古鎮の [★★☆]
- ☐ 木瀆古鎮 木渎古镇ムードゥーグウチャン

【地図】木瀆古鎮の [★☆☆]
- ☐ 明清街 明清街ミンチンジエ
- ☐ 山塘街 山塘街シャンタンジエ
- ☐ 厳家花園 严家花园ヤンジィアファアユゥエン
- ☐ 虹飲山房 虹饮山房ホンインシャンファン
- ☐ 下塘街 下塘街シィアタンジエ
- ☐ 霊岩山 灵岩山リンヤンシャン

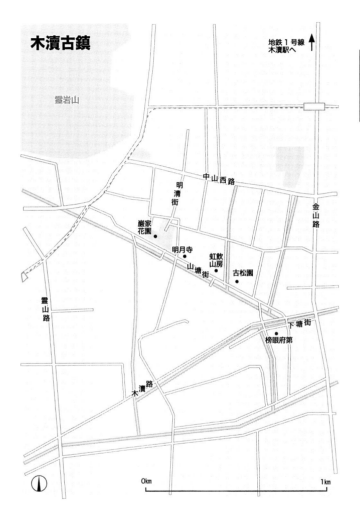

江蘇省

明清街 明清街 míng qīng jiē ミンチンジエ [★☆☆]

木瀆古鎮の入口から中心部へ伸びる明清街。明清時代の街並みが再現され、商店がならぶ。

山塘街 山塘街 shān táng jiē シャンタンジエ [★☆☆]

木瀆古鎮の中心を流れる水路に沿って走る山塘街。皇帝の行宮がおかれた虹飲山房、唐代の10世紀に創建された古利明月寺、清代末の庭園を今に伝える古松園などが位置する。

▲左　水路を行く小船。かつて皇帝も通った。　▲右　江南を代表する名園の厳家花園

厳家花園 严家花园
yán jiā huā yuán ヤンジィアファアユゥエン [★☆☆]

厳家花園は江南の名園のひとつにあげられ、池にのぞむように立つ丁堂や亭、美しい石組みや樹木が展開する。清朝乾隆帝時代に蘇州の詩人沈徳潜の邸宅があった場所で、その後、清末に再建されて今にいたる（木瀆古鎮では明清時代に次々と庭園が造営された）。厳家花園前には永安橋がかかる。

虹飲山房 虹饮山房
hóng yǐn shān fáng ホンインシャンファン [★☆☆]

虹飲山房は「清初の官吏」徐士元の私邸園林があった場所で、楼閣と湖面に浮かぶ蓮の花など中国庭園の美が見られる。清朝第6代乾隆帝がここに行宮をおいたことから、「乾隆行宮」とも呼ばれる。

下塘街 下塘街 xià táng jiē シィアタンジエ [★☆☆]

水路の南側を東西に走る下塘街。屋根つきの道路が200mほど続く商店街の下塘河棚、19世紀、科挙に好成績で合格した官

▲左　呉王夫差と西施がたわむれたという霊岩山。　▲右　整備された明清街

吏馮桂芬 (林則徐の弟子) の邸宅跡の榜眼府第などが位置する。

霊岩山 灵岩山 líng yán shān リンヤンシャン ［★☆☆］

木瀆古鎮の北西にそびえる高さ182mの霊岩山。ここは呉王夫差が美女西施とたわむれ、「山上の船遊び」を行なった場所と伝えられる (山上に水を運ぶことは大変難しかった)。西施のための館娃宮のあった山頂花園、西施が化粧のさいに自らの姿を映したという井戸の跡、霊岩寺などの古蹟が残る。霊岩山という名前は、霊芝のかたちをした石から名前がとられ、山全体が象のかたちをしていることから象山ともいう。

江蘇省

天平山 天平山 tiān píng shān ティエンピンシャン [★☆☆]

霊岩山の北側にそびえる天平山。風光明媚な自然に景勝地が点在し、とくに秋の紅葉の美しさで知られる。宋代、蘇州に生まれた名官吏范仲淹の記念館もあり、范仲淹とその一族にゆかりの場所となっている（皇帝からこのあたりの土地を賜った）。

皇帝の南巡と美女西施

蘇州の風土や文化を求めて南巡した清朝皇帝
この地で呉王夫差を虜にした美女西施
「先憂後楽」で知られる范仲淹などにまつわる話

皇帝の南巡

豊かな江南の文化や食、風土に憧れた清朝皇帝はたびたび北京から南巡してこの地方を視察し、蘇州の景勝地をめぐった。第4代康熙帝は第2次南巡で、船に乗って木瀆古鎮を訪れているほか、第6代乾隆帝の南巡の際に描かれた『姑蘇繁華図』には霊岩山、木瀆から蘇州旧城へいたる様子が描かれている（皇帝は木瀆古鎮に滞在してから蘇州へと向かった）。最高権力者が北京から南方へ訪れる「南巡」という言葉は、改革開放が進められた20世紀末、鄧小平が上海や深圳を視察したときにも使われた。

CHINA
江蘇省

ひそみに倣う

呉王夫差を虜にした西施は、漢の王昭君、後漢の貂蝉、唐の楊貴妃とならぶ中国四大美女のひとりにあげられる。西施が里にいたとき、心を病んで両手を胸にあてるポーズ（捧心）で眉をひそめているとその美しさが評判になった。それを受けて、同じ里の醜い女（東施）が同じポーズをとると、村人は逃げ出した。こうした「人の真似をして笑われる」ことを『ひそみに倣う』という。

▲左　江南の文化が皇帝たちをひきつけた。旧城閶門外の山塘街にて。　▲右　蘇州の女性は美しいことでも知られる

范仲淹と理想の官吏像

北宋初期の官吏范仲淹（989〜1052年）は天下国家を案じ、文治主義による理想的な秩序をつくった人物として宋代以後の中国、日本にも大きな影響をあたえた。蘇州に生まれた范仲淹は、地方を転々とする官吏生活のなかで、北西の西夏の侵攻を食いとめ、また地元蘇州では治水や教育分野で成果をあげた（貧しい一族を扶養した義荘は、1050年に范仲淹がつくってから20世紀まで続いた）。范仲淹の言葉「先憂後楽（天下の憂いに先立って憂え、天下の楽しみに後れて楽しむ）」は広く知られ、後楽園という名前はこの「先憂後楽」からとられている。

【MEMO】

CHINA
江蘇省

Guide, Tai Hu
太湖
城市案内

古く海の底だった太湖は長江が運ぶ土砂の堆積で
海と切り離されて汽水湖になった
平均水深3mほどで豊かな水をたたえている

太湖 太湖 tài hú タイフウ ［★★☆］

蘇州西部に位置する太湖は鄱陽湖（江西省）、洞庭湖（湖南省）につぐ中国第3の淡水湖で、大小48の島々が浮かぶ。春秋時代、呉王が避暑に訪れるなど、呉国の桃源郷にもたとえられた美しい景観が広がり、道教の神仙が棲むと信じられる（この湖も「洞窟の庭」を意味する洞庭湖とも呼ばれてきた）。また上海蟹、太湖白蝦、太湖白魚など豊富な魚介類が育まれ、かつては水上で生活し、魚介類の採取を行なう人々も見られたという。

【地図】太湖

【地図】太湖の [★★☆]
□ 太湖 太湖タイフウ

【地図】太湖の [★☆☆]
□ 伍子胥墓 伍子胥墓ウゥズゥシィウムウ
□ 東山風景区 东山风景区ドンシャンフェンジンチュウ
□ 西山風景区 西山风景区シーシャンフェンジンチュウ

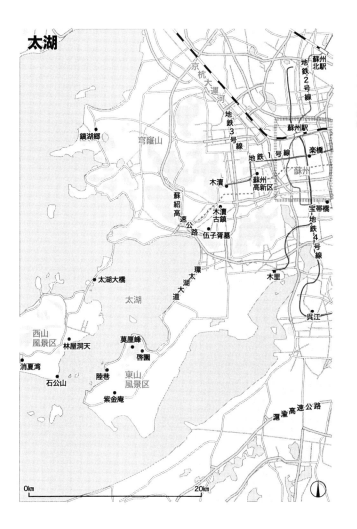

CHINA
江蘇省

伍子胥墓 伍子胥墓 wǔ zǐ xū mù ウゥズゥシィウムウ[★☆☆]
伍子胥墓には春秋時代、呉王闔閭からその子の夫差の代に仕えた名君伍子胥が眠る。楚（呉の隣国）を追われた伍子胥は、呉を一時は楚を破るほどの強国に育て、現在の蘇州の街をつくった人物としても知られる。隣国の越との争いのなかで、しばしば越をあまく見る夫差をたしなめたが、ざん言にあい死を命じられた（越の脅威を説く伍子胥の言葉に、呉王夫差は耳を貸さなかった）。伍子胥は死にあたって、「私の墓のうえに梓を植えよ、呉王の棺材にするためだ。そして私の目をえぐり出して、呉都（蘇州）の東門のうえにかけよ。越軍が

▲左 どこまでも続く太湖。呉越の戦いが行なわれた。　▲右　呉を強国に育てあげた伍子胥

攻めこんできて呉を滅ぼすのを見てやろう」と述べ、実際に伍子胥の言うとおり、呉は越によって滅ぼされた。

東山風景区 东山风景区 dōng shān fēng jǐng qū
ドンシャンフェンジンチュウ ［★☆☆］

太湖に中心に向かって伸びる東山。古くは西山とならぶ島だったが、湖中の植物の堆積などから19世紀に半島化した。高さ293.5mの「東山」、明代に重修された「紫金庵」、花々がしげる「啓園」、明清時代の街並みが残る「陸巷」などが点在する。太湖が洞庭湖にも見立てられたことから、洞庭東山とも呼ぶ。

CHINA
江蘇省

「江南の銘茶」洞庭碧螺春

太湖の洞庭東山でとれる洞庭碧螺春は、杭州の龍井茶とならぶ銘茶として知られる(この茶葉の原木が東山の莫厘峰にあった)。碧螺春という名前は、茶葉の尾が巻き貝のようにぐるぐる巻いていてるから名づけられ、新芽の先でつくることからとてもよい香りを漂わせる。この碧螺春をいただくとき、茶杯ではなく透明のグラスを使い、先に入れたお湯にあとから茶葉を入れ、茶葉が上下に動く様子を楽しんでから飲むという。

西山風景区 西山风景区 xī shān fēng jǐng qū
シーシャンフェンジンチュウ［★☆☆］

西山は太湖に浮かぶ最大の島で、あたりは風光明媚な西山風景区となっている。高さ336.5mの「西山（洞庭西山）」を中心に、洞天福地に通じるという「林屋洞天」、太湖有数の景観が広がる「石公山」、太湖石の産地として知られた「消夏湾」などが点在する。とくに中国の道教では洞窟は天に通じると考えられ、林屋洞天は「天下第九の洞天」と称されてきた（十大洞天、三十六洞天、七十二福地などの聖地がある）。林屋とは洞内の立石が林のようで、天井が平らかで屋根のよ

CHINA
江蘇省

うな様子から名づけられた。太湖石の形状は、この神仙が棲むという洞窟の内側を外側に反転させたものだという。

太湖石のつくりかた

中国庭園にかかせない太湖石は太湖原産で、水中でとれるものと地上でとれるもののふたつの種類がある。水中でとれるもののほうがより評価が高く、西山消夏湾産の太湖石が最高とされる。太湖の波で浸食された穴があき、表面は玉のように光り、ぐねぐねとして独特の味わいがある（長い年月をかけ、自然の力でつくられた彫刻となっている）。唐代、蘇州

▲左　伝統工芸もさかんな蘇州。　▲右　篆書で書かれた碑文。蘇州は多くの文人を輩出した

に赴任した白居易がこの太湖石を愛でたことで評価が高まり、宋代の徽宗は高さ5mを超す太湖石を蘇州から都開封に運ばせた。

石湖 石湖 shí hú シィフウ［★☆☆］

蘇州の南西に位置する石湖は、太湖の北東隅が切り込んだ入江。紀元前5世紀の呉越の戦いでは、越がこの地に砦を築いたとされ、宋代の官吏范成大が別邸を構えた場所でもある。「石湖居士」と呼ばれた范成大（1126〜1193年）の記した『四時田園雑興』は、江戸時代の日本の儒学者にもよく読まれた

江蘇省

(范成大は蘇州の人で、范仲淹と同じ一族だが直系ではない)。また石湖の北に位置する横山は、隋代に40年ほど蘇州の街が遷されたところでもあった。

呉江 吴江 wú jiāng ウゥジィアン [★☆☆]
蘇州の南端、太湖の東側に広がる呉江。1840年に建てられた先蚕祠が残るなど織物で知られてきた街で、呉江東には世界遺産の退思園を抱える水郷同里も位置する。上海に接し、南の浙江省嘉興へ通じる地の利が注目され、2000年ごろから台湾などの半導体工場が進出するようになった。

鎮湖郷 镇湖乡 zhèn hú xiāng チェンフウシィアン ［★☆☆］

太湖に面した鎮湖郷は蘇州を代表する刺繍の里。太湖周辺の土地は、桑の栽培に適し、唐代以来、絹織物と刺繍で知られてきた。多彩な色糸が使われ、蘇州の刺繍（蘇繍）は広繍（広州）、蜀繍（四川）、湘繍（湖南）、京繍（北京）とともに中国を代表するものとなっている。

Guide,
Su Zhou Gong Ye Yuan Qu
蘇州園区
城市案内

上海に続いて長江デルタ経済圏の核となっている蘇州
シンガポールとの共同でつくられた蘇州工業園区には
世界中から外資系企業が集まっている

蘇州工業園区 苏州工业园区 sū zhōu gōng yè yuán qū
スーチョウゴンイィエユュエンチュウ ［★☆☆］

蘇州旧城の東側に広がる蘇州工業園区は、中国とシンガポールの共同で開発された（シンガポールのジュロン工業団地がモデルとされた）。1994年に開発がはじまり、工業地区のほか、学校や病院、住宅、緑地、商店街の配置も当初から考えられた計画都市で、金鶏湖の湖畔では大型施設、レジャー施設も見られる。西側の蘇州高新区と対峙するように位置し、世界中から外資系企業が集まっている。

【地図】蘇州工業園区

【地図】蘇州工業園区の [★★☆]
☐ 東方之門 东方之门 ドンファンチイメン

【地図】蘇州工業園区の [★☆☆]
☐ 蘇州工業園区 苏州工业园区
　スーチョウゴンイィエユゥエンチュウ
☐ 円融時代広場 圆融时代广场
　ユゥエンロンシイダイグァンチャン
☐ 金鶏湖景区 金鸡湖景区 ジンジイフウジンチュウ

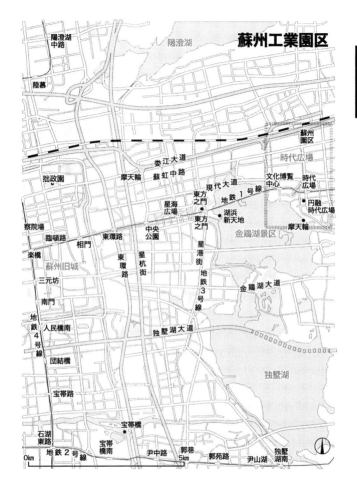

【地図】時代広場の ［★☆☆］

- [ ] 金鶏湖景区 金鸡湖景区 ジンジイフウジンチュウ
- [ ] 蘇州文化芸術中心 苏州文化艺术中心 スーチョウウェンフゥアイイシュウチョンシン
- [ ] 蘇州国際博覧中心 苏州国际博览中心 スーチョウグゥオジイボオランチョンシン
- [ ] 円融時代広場 圆融时代广场 ユゥエンロンシイダイグァンチャン

時代広場

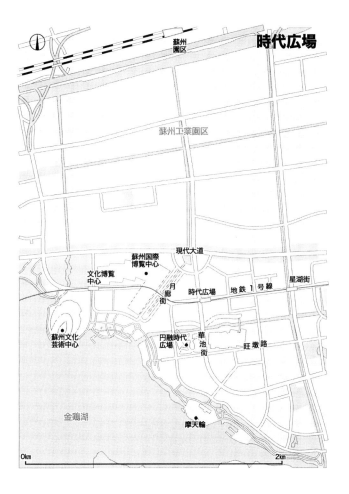

Around Suzhou

蘇州園区城市案内

江蘇省

金鶏湖景区 金鸡湖景区
jīn jī hú jǐng qū ジンジイフウジンチュウ [★☆☆]

蘇州工業園区のシンボルとも言える風光明媚な金鶏湖景区。古くからこの地方の漁師たちに淡水魚やえびが豊富にとれることで知られ、大東蕩と呼ばれていた。あるとき、金鶏が天から降りてきてこの地に恵みをあたえたという伝説から金鶏湖と呼ばれるようになった（毎朝、夜明けには金鶏が湖面を歩くともいう）。ショップやレストランがならぶ湖濱新天地、巨大な観覧車の摩天輪などが湖をとりまくように点在する。

▲左　蘇州の新たなシンボル東方之門が見える。　▲右　蘇州工業園区に立つ蘇州文化芸術中心

東方之門 东方之门
dōng fāng zhī mén ドンファンチイメン［★★☆］

東方之門は金鶏湖の北西（ちょうど蘇州の東側）に立つ門のような巨大建築。外壁はカーテンウォールで覆われた建物の高さは278mで、蘇州の新たなランドマークのひとつとなっている。ふたつの建物が上部でつながる特異なかたちは、江南伝統の花瓶門や城門の形態に由来するという。

CHINA
江蘇省

蘇州文化芸術中心 苏州文化艺术中心
sū zhōu wén huà yì shù zhōng xīn
スーチョウウェンフゥアイイシュウチョンシン [★☆☆]

金鶏湖北西の湖畔に立つ蘇州文化芸術中心(蘇州文化芸術センター)は蘇州大劇院、蘇州金鶏湖美術などからなる総合文化施設。蘇州在住の画家や書道家、芸術家による発信のほか、コンサート、展覧会などが開かれる。繭の外観は、1000年以上に渡って絹(シルク)の都であった古都蘇州の性格を現している。

蘇州園区城市案内

蘇州国際博覧中心 苏州国际博览中心 **sū zhōu guó jì bó lǎn zhōng xīn** スーチョウグゥオジイボオランチョンシン[★☆☆]

企業向けの博覧会や、会議などが開かれる蘇州国際博覧中心（蘇州国際博覧センター）。19万平方メートルの敷地に大小8つの展示場があり、とくに蘇州でさかんな電子部品関連の見本市などが開かれる。

円融時代広場 圆融时代广场 **yuán róng shí dài guǎng chǎng** ユゥエンロンシイダイグァンチャン[★☆☆]

円融時代広場は、蘇州工業園区の中心部に位置する巨大複合

▲左　巨大ショッピングモールの円融時代広場。　▲右　金鶏湖のほとりに立つ大観覧車

商業施設。長さ500m、幅32mのLEDによるハイビジョン「世界第一天幕」が見られるほか、レストラン、ショップ、娯楽施設などが集まっている。またこの円融時代広場に隣接して、久光（デパート）も位置する。

陽澄湖と上海蟹

蘇州の北東に広がる陽澄湖は、白魚などの淡水魚やえびなどが生息し、とくに陽澄湖産の上海蟹は最高の味をもつとされる。せいろで蒸して赤くなった甲羅を割って食べる「蒸蟹（上海蟹の姿蒸し）」、紹興酒につけた「酔蟹（よっぱらい蟹）」な

【MEMO】

CHINA
江蘇省

どの料理があり、10〜11月が食べごろとなっている(雄と卵をもつ雌では食べごろが違い、雌のほうが1か月ほど早い)。この上海蟹は、堤防の内側に網をはって、夜、カンテラを灯し、蟹をおびき寄せてとるところから大閘蟹と呼ばれる。

崑山 昆山 kūn shān クンシャン [★☆☆]

上海と蘇州のちょうど中間に位置する崑山。改革開放がはじまるまでは農村地帯だったが、1985年に開発区がつくられ、中国を代表する新興工業都市へと成長をとげた。この崑山は明代、京劇のルーツのひとつとなった昆曲が生まれた地で、

また明末清初の学者で明の遺民として清に仕えなかった顧炎武（1613〜82年）の出身地という顔ももつ。

蘇州港 苏州港 sū zhōu gǎng スーチョウガン［★☆☆］
長江に面した張家港、太倉港と常熟港の3港をあわせた蘇州港。歴史的に中国では海岸線から少しなかに入った場所に港がおかれ、蘇州も港として発展してきた（元代、太倉にあった劉家港が江南随一の港として知られ、ここから江南の物資を北京に運んだ）。現在は長江デルタ内陸部へ続く海運の中心となっている。

【地図】蘇州東郊外

【地図】蘇州東郊外の [★☆☆]
- ☐ 蘇州工業園区 苏州工业园区 スーチョウゴンイィエユゥエンチュウ
- ☐ 崑山 昆山 クンシャン
- ☐ 蘇州港 苏州港 スーチョウガン

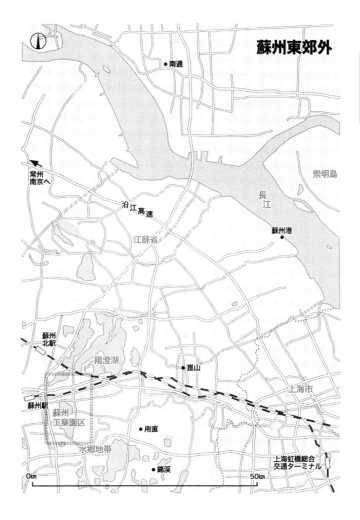

呉の国と春秋の戦い

ともに中原とは異なる非漢族だった呉と隣国の越
「呉越の仲」「呉越同舟」といった言葉が残るなど
春秋時代、熾烈な戦いが行なわれた

呉のはじまり

長江デルタには新石器時代の良渚文化（紀元前3500〜前2200年ごろ）の遺構が残り、文身、断髪をした非漢民族が住んでいた（日本に訪れた弥生人との関係が指摘される倭族）。こうしたなか周太王の子の太伯と仲雍がこの地へ逃れ、地元の人々の信任を得て呉国を建国した。紀元前585年、呉の第19代寿夢が王に即位し、当初の都は無錫（梅里）にあったが、紀元前514年、闔閭が蘇州に都を造営した。一時期は中原に進出するほどの力をもったが、隣国の越と熾烈な戦いを繰り広げ、紀元前473年、越の前に滅んだ。

江蘇省

呉王闔閭と臥薪嘗胆

蘇州に都をおく呉と紹興に都をおく越は互いに争い、蘇州の街を築いた呉王闔閭は越王勾践との戦いのなかで生命を落とした。そのとき呉王闔閭は「越王勾践が父を殺したことを忘れるな」という言葉を残し、子の夫差は薪（たきぎ）のうえに寝て身体に痛みを刻みながら越王勾践への復讐を誓った。やがて呉は会稽山で越を破ったが、夫差は「会稽の恥」を受け入れた越王勾践と范蠡を許した。その後、越王勾践は美女西施を呉王夫差に送るなどの戦略をたて、（苦い胆を嘗めながら）越の国力増強をはかり、紀元前473年、越は呉を攻め

▲左　円形の洞門が風景を切りとる。　▲右　堂々としたたたずまいの伍子胥墓

て夫差を自決させ、「会稽の恥」をそいだ。「臥薪嘗胆」の故事はこの呉越の戦いに由来する。

孫子の兵法

『孫氏の兵法』で知られる孫武は呉国に仕え、太湖の浜辺で呉王闔閭の宮女たちを訓練して見せた逸話で知られる。孫武は、宮女たちに武器をもたせて命令したが、宮女たちは笑ってばかりでまじめに動かなかった。「(とり決めが明白を欠いたのは) 大将たるわしの罪である」とし、再び命令したが、相変わらず宮女たちは笑ってばかりで動かなかった。すると

CHINA
江蘇省

孫武は「(とり決めが明白なのに従わぬのは)役目のものの罪である」と、呉王のとめるのを「軍機が優先される」とさえぎり、宮女たちのリーダーふたりを斬ってしまった。その様子を見た宮女たちは、命令通りに整然と動くようになったという。

呉の文化

江蘇省の異称としても知られる呉は、狭義には蘇州をさした。蘇州を中心に長江デルタで話されている呉語では、人を「ニン(普通語ではレン)」と読み、昼ご飯を中飯(午餐)とい

Around Suzhou | 呉の国と春秋の戦い

うなど、北京の普通語とは異なる言葉（方言）と知られてきた（1943年に出版された『蘇州日記』のなかに「翁、國語を解さず」とあり、20世紀まで普通語がほとんど通じかった）。また倭の五王以来、日本は江南との長い伝統をもち、4〜6世紀の日本に呉音（呉の国の言葉）が入ったほか、養蚕や紡織、稲作なども江南から伝わり、今でも呉服などの言葉が残っている。

参考文献

───────────────────────────────

『蘇州工業開発区のある物語』(小林路義 / 鈴鹿国際大学紀要)

『中国歴史建築案内』(楼慶西 /TOTO 出版)

『史記列伝』(司馬遷・小川環樹訳 / 岩波書店)

『特集 寒山寺の鐘が響く水郷・蘇州』(侯若虹 / 人民中国)

『中国人のトポス』(三浦國雄 / 平凡社)

『太湖石』(福本雅一 / 国学院大学紀要)

『宮崎市定全集』(宮崎市定 / 岩波書店)

『清代蘇州の水辺に形成された商業空間に関する研究』(朱華方・土本俊和 / 日本建築学会計画系論文集)

『世界大百科事典』(平凡社)

[PDF] 蘇州地下鉄路線図 http://machigotopub.com/pdf/suzhoumetro.pdf

まちごとパブリッシングの旅行ガイド
Machigoto INDIA , Machigoto ASIA , Machigoto CHINA

【北インド - まちごとインド】

001 はじめての北インド
002 はじめてのデリー
003 オールド・デリー
004 ニュー・デリー
005 南デリー
012 アーグラ
013 ファテープル・シークリー
014 バラナシ
015 サールナート
022 カージュラホ
032 アムリトサル

【西インド - まちごとインド】

001 はじめてのラジャスタン
002 ジャイプル
003 ジョードプル
004 ジャイサルメール
005 ウダイプル
006 アジメール(プシュカル)
007 ビカネール
008 シェカワティ
011 はじめてのマハラシュトラ
012 ムンバイ
013 プネー
014 アウランガバード
015 エローラ
016 アジャンタ
021 はじめてのグジャラート
022 アーメダバード
023 ヴァドダラー(チャンパネール)
024 ブジ(カッチ地方)

【東インド - まちごとインド】

002 コルカタ
012 ブッダガヤ

【南インド - まちごとインド】

001 はじめてのタミルナードゥ
002 チェンナイ
003 カーンチプラム
004 マハーバリプラム
005 タンジャヴール
006 クンバコナムとカーヴェリー・デルタ
007 ティルチラパッリ
008 マドゥライ
009 ラーメシュワラム
010 カニャークマリ
021 はじめてのケーララ
022 ティルヴァナンタプラム
023 バックウォーター(コッラム〜アラップーザ)
024 コーチ(コーチン)
025 トリシュール

【ネパール - まちごとアジア】

001 はじめてのカトマンズ
002 カトマンズ
003 スワヤンブナート

004 パタン
005 バクタプル
006 ポカラ
007 ルンビニ
008 チトワン国立公園

【バングラデシュ - まちごとアジア】

001 はじめてのバングラデシュ
002 ダッカ
003 バゲルハット（クルナ）
004 シュンドルボン
005 プティア
006 モハスタン（ボグラ）
007 パハルプール

【パキスタン - まちごとアジア】

002 フンザ
003 ギルギット（KKH）
004 ラホール
005 ハラッパ
006 ムルタン

【イラン - まちごとアジア】

001 はじめてのイラン
002 テヘラン
003 イスファハン
004 シーラーズ
005 ペルセポリス
006 パサルガダエ（ナグシェ・ロスタム）
007 ヤズド
008 チョガ・ザンビル（アフヴァーズ）
009 タブリーズ

010 アルダビール

【北京 - まちごとチャイナ】

001 はじめての北京
002 故宮（天安門広場）
003 胡同と旧皇城
004 天壇と旧崇文区
005 瑠璃廠と旧宣武区
006 王府井と市街東部
007 北京動物園と市街西部
008 頤和園と西山
009 盧溝橋と周口店
010 万里の長城と明十三陵

【天津 - まちごとチャイナ】

001 はじめての天津
002 天津市街
003 浜海新区と市街南部
004 薊県と清東陵

【上海 - まちごとチャイナ】

001 はじめての上海
002 浦東新区
003 外灘と南京東路
004 淮海路と市街西部
005 虹口と市街北部
006 上海郊外（龍華・七宝・松江・嘉定）
007 水郷地帯（朱家角・周荘・同里・甪直）

【河北省 - まちごとチャイナ】

001 はじめての河北省
002 石家荘
003 秦皇島
004 承徳
005 張家口
006 保定
007 邯鄲

【山東省 - まちごとチャイナ】

001 はじめての山東省
002 はじめての青島
003 青島市街
004 青島郊外と開発区
005 煙台
006 臨淄
007 済南
008 泰山
009 曲阜

【江蘇省 - まちごとチャイナ】

001 はじめての江蘇省
002 はじめての蘇州
003 蘇州旧城
004 蘇州郊外と開発区
005 無錫
006 揚州
007 鎮江
008 はじめての南京
009 南京旧城
010 南京紫金山と下関
011 雨花台と南京郊外・開発区
012 徐州

【浙江省 - まちごとチャイナ】

001 はじめての浙江省
002 はじめての杭州
003 西湖と山林杭州
004 杭州旧城と開発区
005 紹興
006 はじめての寧波
007 寧波旧城
008 寧波郊外と開発区
009 普陀山
010 天台山
011 温州

【福建省 - まちごとチャイナ】

001 はじめての福建省
002 はじめての福州
003 福州旧城
004 福州郊外と開発区
005 武夷山
006 泉州
007 厦門
008 客家土楼

【広東省 - まちごとチャイナ】

001 はじめての広東省
002 はじめての広州
003 広州古城
004 天河と広州郊外
005 深圳(深セン)
006 東莞
007 開平(江門)
008 韶関
009 はじめての潮汕

010 潮州
011 汕頭

【遼寧省 - まちごとチャイナ】

001 はじめての遼寧省
002 はじめての大連
003 大連市街
004 旅順
005 金州新区
006 はじめての瀋陽
007 瀋陽故宮と旧市街
008 瀋陽駅と市街地
009 北陵と瀋陽郊外
010 撫順

【重慶 - まちごとチャイナ】

001 はじめての重慶
002 重慶市街
003 三峡下り（重慶～宜昌）
004 大足

【香港 - まちごとチャイナ】

001 はじめての香港
002 中環と香港島北岸
003 上環と香港島南岸
004 尖沙咀と九龍市街
005 九龍城と九龍郊外
006 新界
007 ランタオ島と島嶼部

【マカオ - まちごとチャイナ】

001 はじめてのマカオ
002 セナド広場とマカオ中心部
003 媽閣廟とマカオ半島南部
004 東望洋山とマカオ半島北部
005 新口岸とタイパ・コロアン

【Juo-Mujin（電子書籍のみ）】

Juo-Mujin 香港縦横無尽
Juo-Mujin 北京縦横無尽
Juo-Mujin 上海縦横無尽
Juo-Mujin 台北縦横無尽
見せよう！デリーでヒンディー語
見せよう！ 上海で中国語
見せよう！ 蘇州で中国語
見せよう！ 杭州で中国語

【自力旅游中国 Tabisuru CHINA】

001 バスに揺られて「自力で長城」
002 バスに揺られて「自力で石家荘」
003 バスに揺られて「自力で承徳」
004 船に揺られて「自力で普陀山」
005 バスに揺られて「自力で天台山」
006 バスに揺られて「自力で秦皇島」
007 バスに揺られて「自力で張家口」
008 バスに揺られて「自力で邯鄲」
009 バスに揺られて「自力で保定」
010 バスに揺られて「自力で清東陵」
011 バスに揺られて「自力で潮州」
012 バスに揺られて「自力で汕頭」
013 バスに揺られて「自力で温州」
014 バスに揺られて「自力で福州」
015 メトロに揺られて「自力で深圳」

【車輪はつばさ】
南インドのアイラヴァテシュワラ寺院には建築本体に車輪がついていて寺院に乗った神さまが人びとの想いを運ぶと言います。

・本書はオンデマンド印刷で作成されています。
・本書の内容に関するご意見、お問い合わせは、発行元の
　まちごとパブリッシング info@machigotopub.com までお願いします。

まちごとチャイナ
江蘇省004蘇州郊外と開発区
〜「長江デルタ」過去から未来へ［モノクロノートブック版］

2017年11月14日　発行

著　者	「アジア城市（まち）案内」制作委員会
発行者	赤松　耕次
発行所	まちごとパブリッシング株式会社 〒181-0013　東京都三鷹市下連雀4-4-36 URL　http://www.machigotopub.com/
発売元	株式会社デジタルパブリッシングサービス 〒162-0812　東京都新宿区西五軒町11-13 清水ビル3F
印刷・製本	株式会社デジタルパブリッシングサービス URL　http://www.d-pub.co.jp/

MP096

ISBN978-4-86143-230-9　C0326　　　　Printed in Japan
本書の無断複製複写（コピー）は、著作権法上での例外を除き、禁じられています。